ເຄື່ອງດົນຕີ

ໂດຍ: ຣຽນ ຄອນແວ ແລະ ຮາຍແອບ ຄອນແວ

ເຄື່ອງດົນຕີ

ຈັດພິມຄັ້ງທຳອິດໃນປີ 2019. ແປ ແລະ ຈັດພິມໃນ ສປປ ລາວ ປີ 2019.

ຈັດພິມໂດຍ: ອົງການ Library For All
ອີເມວ: info@libraryforall.org
URL: libraryforall.org

ປຶ້ມພາສາລາວເຫຼັ້ມນີ້ ຖືກສະໜັບສະໜູນໂດຍການຮ່ວມມືຂອງ

ເຄື່ອງດົນຕີ
ຮຽນ ຄອບແອ ແລະ ຮາຍແອບ ຄອບແອ
ISBN: 978-9932-09-060-0
SKU00866

ນີ້ແມ່ນຄິດ້ໆ.

ບໍ້ແມ່ນກອງ.

ນີ້ແມ່ນແບນໂຈ.

ນີ້ແມ່ນໄອໂອລິນ.

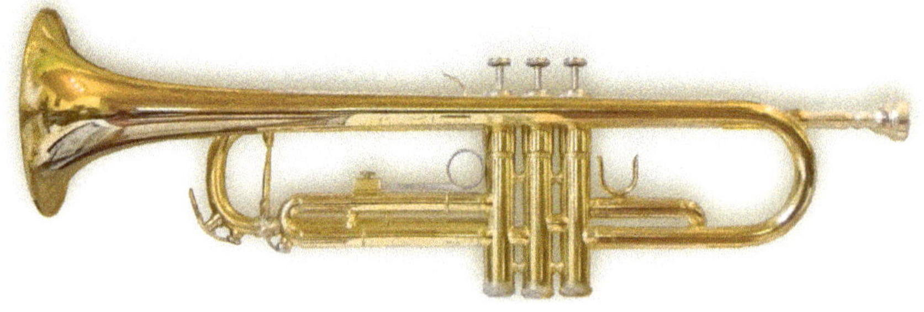

ນີ້ແມ່ນແ�ກ ທຣຳເປັດ.

ນີ້ແມ່ນເປຍໂນ.

ນີ້ແມ່ນຂຸຍ.

ນີ້ແມ່ນແກ ແຊກໂຮໂຟນ.

ນີ້ແມ່ນແຊວໂລ.

ນີ້ແມ່ນສຽງຂອງຂ້ອຍ!

ຂໍ້ມູນທາງບັນນາບຸລິມຂອງຫໍສະໝຸດແຫ່ງຊາດ

ຮຽນ ຄອນແວ

ເລື່ອງດົນຕີ L /ໂດຍ ຮຽນ ຄອນແວ ແລະ ຣາຍແອນ
ຄອນແວ. -- ວຽງຈັນ: ມັກອານ, 2020

28 ໜ້າ: ພາບປະກອບສີ; 21 ຊມ
1. ວັນນະກໍາສໍາລັບເດັກ
I. ຊື່ເລື່ອງ

808.899282 – dc21
ISBN 978-9932-09-060-0
ເລກທະບຽນພິມຈໍາໜ່າຍ: ຕາມທບ 143 ພຈ 03022020

ກ່ຽວກັບຜູ້ຂຽນ

ຽນ ຄອນແອ ແມ່ບຊາວຄວົບແລບ, ຕົ້ນກຳເນີດຈາກ
ອກແຮມເຕັນ ແຕ່ຍ່ວບນ໌ລາວໄດ້ພັກຂາໄສຢູ່ບຣິດເບນ.
າວຮັກ ການເຮັດວຽກຮ່ວມກັບໄອທຸ່ມ ແລະ ເຄີຍເຮັດວຽກ
ຮູ້ຄົມສິ່ງເຄາະ, ເປັນຄູສອນ ແລະ ທວ້ວງອາຈະກາຍເປັນ
ໃຫ້ຄຳປຶກສາໄວ໌ໆນີ້. ຽນ ເປັນພວອນພ້ວສຶ ທີ່ມີຄວາມຫຼ້ງໄຫຼ
ບການແບ່ງປັນຄວາມສຸກໃນ ການອ່ານ ແລະ ໃຫ້ຄວາມສຳຄັນ
ບການຽນຮູ້ຜ່ານຕົວພ້ວສຶ. ສິ່ງທີ່ເຮັດໃຫ້ລາວມີຄວາມສຸກ
ແມ່ນການທີ່ໄດ້ນັ່ງຢູ່ທາດຂາຍ ພ້ອມກັບປຶ້ມ ແລະ
ຫນມີຂອງລາວ.

ຮາຍແອບ ຄອນແອ ອາໄສຢູ່ ບຣິດເບນ ອິດສະຕຣາລິ.
າວເປັນ ຄົນທີ່ມີຄວາມຄິດສ້າງສັນພ້ອມກັບ
ບຕະນາການຍ່ຶງໃຫຍ່. ລາວມັກແຕ້ມຮູບ ແລະ ກ່ໍສ້າງສິ່ງຂອງ.
ອບຍັງເປັນເດັກນ້ອຍ ລາວມັກການຫຼິ້ນ ເລໂກ້ ແລະ ຄົນບ້າມັນ
ແລະປິດປ່ອຍຈິນຕະນາການຂອງລາວ. ຮາຍແອບ ແມ່ນນັກຄົນຕິ
ແລະເຮັດທຸລະກິດສ້ອມແປງເຄື່ອງຄົນຕິແລະເຮັດກິຕ້າ. ລາວຮັກ
ຄື່ອງກ່ຽວກັບຄົນຕິແລະສາມາດແລກປ່ຽນຄວາມສົນໃຈກັບຄົນ
ບ - ແລະຍັງມັກຫຼິ້ນເລໂກ້!

ທ່ານມັກປຶ້ມເຫຼັ້ມນີ້ບໍ່?

ທ່ານສາມາດອ່ານປຶ້ມແບບນີ້ໄດ້ເພີ່ມເຕີມ
ທີ່ຜະລິດໂດຍອົງການ Library For All

ອົງການ Library For All ຜະລິດສື່ການອ່ານ ທີ່ມີຄຸນນະພາບ
ສະເພາະສົມກັບວັດທະນະທຳເພື່ອການສຶກສາ ໂດຍນຳໃຊ້ນະວັດຕະ
ກຳແອັບພິເຖຊັ່ນທ້ອງສະໝຸດແບບອິນບຸກ. ພວກເຮົາເຮັດວຽກຮ່ວມ
ກັບນັກຂຽນໃນທ້ອງຖິ່ນ, ຄູອາຈານ, ທີ່ປຶກສາດ້ານວັດທະນະທຳ,
ລັດຖະບານ ແລະ ອົງການຈັດຕັ້ງທີ່ບໍ່ຂຶ້ນກັບລັດຖະບານ
ເພື່ອມອບຄວາມສຸກຂອງການອ່ານໃຫ້ແກ່ເດັກນ້ອຍ ທຸກໆແຫ່ງ.

ມາອ່ານນຳກັນເທາະ!
libraryforall.org

www.ingramcontent.com/pod-product-compliance
Lightning Source LLC
Chambersburg PA
CBHW040208160726
48006CB00014B/1950